AF283770

DORMIR CON PLANTAS MEDICINALES

GUÍA PARA BÚHOS Y ALONDRAS

ExLibric

MANUELA PLASENCIA CANO

DORMIR
CON
PLANTAS MEDICINALES

GUÍA PARA BÚHOS Y ALONDRAS

EXLIBRIC

ANTEQUERA 2024

**DORMIR CON PLANTAS MEDICINALES
GUÍA PARA BÚHOS Y ALONDRAS**
© Manuela Plasencia Cano
© de las ilustraciones: Juan Peña García
Diseño de portada: Dpto. de Diseño Gráfico Exlibric

Iª edición

© ExLibric, 2024.

Editado por: ExLibric
c/ Cueva de Viera, 2, Local 3
Centro Negocios CADI
29200 Antequera (Málaga)
Teléfono: 952 70 60 04
Fax: 952 84 55 03
Correo electrónico: exlibric@exlibric.com
Internet: www.exlibric.com

ISBN: 978-84-10297-44-9
Depósito Legal: MA 2177-2024

Impresión: PODiPrint
Impreso en Andalucía – España

Nota de la editorial: ExLibric pertenece a Innovación y Cualificación S. L.

MANUELA PLASENCIA CANO

DORMIR
CON
PLANTAS MEDICINALES

GUÍA PARA BÚHOS Y ALONDRAS

© Juan Peña

Presentación

La docencia, las publicaciones y la divulgación sanitaria son tres hilos conductores que permiten una transmisión viva y directa del conocimiento adquirido por estudiosos o investigadores con el propósito de estimular al alumnado, a los lectores en particular y a la sociedad en general a cultivar inquietudes o avidez por saber.

Dar clases, pronunciar conferencias, escribir un libro o publicar artículos son el resultado puntual y escueto de muchos días, meses, incluso años de estudio, que se exprimen y se consumen en una hora o en unos folios. Siempre es un ejercicio generoso y altruista porque lleva implícito un aporte extra de experiencias y de convicciones personales que, indudablemente, enriquecen el contenido técnico del mensaje divulgativo.

Cuando el público objetivo al que va dirigida una publicación es un sector joven, estudiantes, miembros de asociaciones, colectivos de personas curiosas e interesadas en temas de salud o de conocimientos, el esfuerzo es doble. Por un lado, hay que traducir al argot popular muchas palabras y conceptos del lenguaje técnico que pueden ser extraños, desconocidos o ignorados por

profanos en la materia; y, por otro lado, hay que lograr que tanto el mensaje como el contenido sean directos, accesibles y entretenidos.

Sobre un tema tan conocido y natural como el sueño resulta bastante complicado explicar los mecanismos fisiológicos y bioquímicos que intervienen; por eso no lo voy a intentar. A fin de cuentas, lo que importa verdaderamente en divulgación sanitaria es dar pautas, informar y advertir para evitar errores o mal uso de productos que puedan afectar en algún grado a la salud. Los facultativos médicos, los psicoterapeutas y los expertos en este tema son los que pueden resolver cuestiones médicas o patologías concretas relacionadas con el sueño o el insomnio crónico.

La razón de escribir este libro divulgativo no ha sido otra que trasladar el contenido de múltiples clases, cursos, conferencias, talleres y charlas emitidas durante más de treinta años en diferentes foros y resumirlo en estas páginas.

El formato de divulgación sanitaria exige que se incorpore un contenido muy visual, con dibujos y esquemas que hagan más fácil y provechoso el mensaje. Para ello he contado con la colaboración de Juan Peña, excelente ilustrador y dibujante, que ha logrado conectar con el tema y con los lectores gracias

a su concepción particular de la vida a través de sus personajes de ficción.

Por otro lado, tengo que agradecer la magnífica aportación del Dr. Gerardo Stübing, profesor de Botánica en la Facultad de Farmacia de la Universidad de Valencia, con fotos de las plantas hipnosedantes que se citan en el capítulo correspondiente.

Espero haber cubierto las expectativas de cuantos se han parado a leer estas páginas y si les ha sido útil me doy por satisfecha.

Dedicado a los búhos y alondras del mundo.

Manuela Plasencia Cano

Índice

Introducción a las plantas medicinales

El uso terapéutico de las plantas medicinales cuenta con partidarios acérrimos, que alaban y mitifican los efectos de la medicina natural; pero también cuenta con implacables detractores, que infravaloran y desprecian lo natural frente a lo químico y lo sintético. En esta, como en cualquier otra faceta de la vida, lo justo, lo ideal y lo correcto está en el término medio, en el equilibrio entre ambas tendencias.

Las plantas medicinales han sido el único recurso que ha tenido la humanidad para curar sus males durante muchos siglos. No parece lógico desacreditar ahora los métodos terapéuticos que ha utilizado la clase médica históricamente.

No todas las plantas son medicinales; sólo algunas tienen efectos curativos. Por lo general, las plantas no son unitarias, tienen varios componentes, de manera que su acción no es consecuencia de un solo compuesto, sino de la combinación, o sinergia, de muchos principios activos existentes en cada planta, incluso habría que decir en cada especie vegetal.

Durante años, los farmacéuticos y los médicos abandonaron el uso de las plantas medicinales, en pro de los medicamentos industrializados, apoyados no siempre en criterios meramente sanitarios. Fue en el siglo XIX, con el resurgir de la tecnología y de la industrialización, cuando el uso y manejo de plantas medicinales pasó a un segundo plano, y su prestigio quedó anulado y enmarcado en el curanderismo; hasta tal punto que no había médico ni farmacéutico que arriesgara su criterio científico por el empleo o defensa de las plantas medicinales.

Vivimos actualmente un resurgimiento de lo natural, un aprovechamiento de los recursos naturales, una búsqueda de lo inocuo, un alejamiento de los riesgos y de la toxicidad. La fitoterapia surge como un nuevo enfoque de los conocimientos y de la técnica adaptados a esta nueva era.

Hay un concepto fundamental sobre el uso terapéutico de las plantas medicinales, que siempre debemos tener presente, y es que son MEDICAMENTOS; de origen vegetal, pero, al fin, medicamentos, con sus connotaciones positivas y negativas.

1. ¿Por qué necesitamos dormir?

Las personas duermen de manera natural, innata, sin que nadie les haya dado instrucciones; es una característica propia de los seres humanos y de los animales.

El sueño es esencial en la vida; es la forma natural de recargar nuestra energía vital. Afecta a las hormonas de crecimiento y del estrés, a nuestro sistema inmunitario, al apetito, a la respiración, a la concentración, a la presión arterial, a la salud cardiovascular, mental y social, entre otros. El sueño ayuda al cuerpo a repararse, regenerarse y a recuperarse por sí solo del desgaste que supone la actividad diurna.

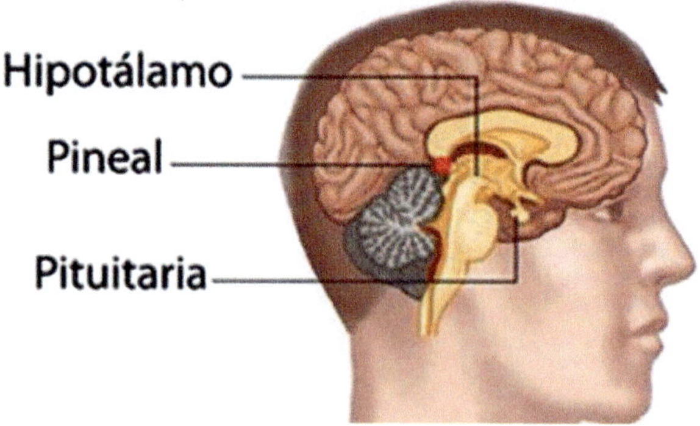

La glándula pineal (o epífisis) es una pequeña glándula del tamaño de un guisante que se halla en el cerebro y produce melatonina por orden del hipotálamo. La

melatonina es la hormona que ayuda a regular el ciclo sueño-vigilia, también llamado ritmo circadiano, y es la responsable del conocido efecto *jet lag* cuando haces un viaje transoceánico.

Según la Organización Mundial de la Salud (OMS), los trastornos del sueño afectan aproximadamente al 40 % de la población y contribuyen a la aparición enfermedades neurológicas, mentales y cardiovasculares.

Se considera que el 15 % de la población no duerme lo suficiente. El sueño esencial sólo necesita 5-6 horas; no es preciso dormir 8 horas o más para desarrollar un óptimo rendimiento cognitivo y cerebral. Lo cierto es que cada persona tiene sus requerimientos individuales, pero se considera «normal» dormir entre 5-10 horas cada noche.

Los bebés generalmente duermen unas 16 horas diarias. Los niños pequeños necesitan unas 10 horas de sueño, mientras que los adolescentes necesitan 9 horas al menos. La Sociedad Española de Neurología (SEN) afirma que el 20-25 % de los niños en España experimentan dificultades para conciliar el sueño o mantenerlo durante la noche.

Sin embargo, mientras uno duerme no solamente la mente y el cuerpo se apagan. Durante la noche los órganos y los procesos internos trabajan arduamente reparando, limpiando, relajando, ordenando, procesando y metabolizando todo lo necesario para que al despertar el complejo organismo vivo esté despejado y listo para funcionar.

Para lograr el máximo de los beneficios restauradores del sueño, es importante culminar una noche completa con un sueño de calidad y sin interrupciones con una frecuencia semanal.

ESQUEMA DEL SUEÑO

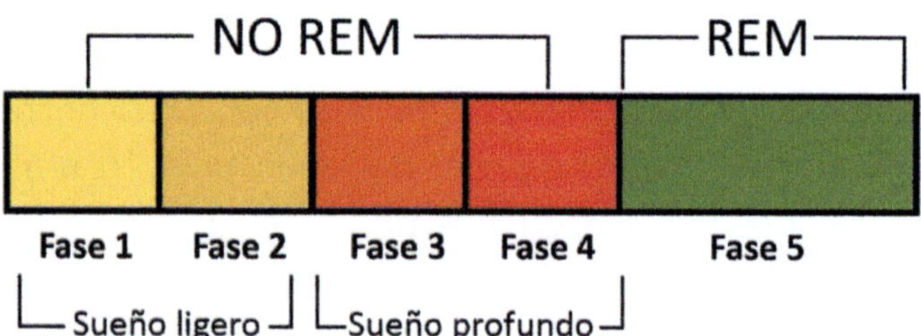

El sueño normal tiene una estructura muy específica que comprende una sucesión de cuadros o fases en cuatro o cinco ciclos repetitivos, con una duración aproximada de 90 minutos cada uno. Se puede realizar un estudio del sueño quedándose a dormir en un hospital, lleno de cables. Eso es hacerse una «polisomnografía».

Las fases del sueño están controladas por los centros del sueño y de la vigilia del sistema nervioso central, y más concretamente del cerebro. En el proceso intervienen de forma trascendental noradrenalina y serotonina, como neurotransmisores. Sin entrar en detalle, las fases del sueño son:

Fase 1. Es la fase de conciliación del sueño (van desapareciendo las ondas alfa de la vigilia).

Fase 2. Es la del sueño ligero. Las personas en esta fase están dormidas profundamente, pero perciben estímulos externos (ausencia total de ondas alfa).

Fases 3 y 4. Son las del sueño profundo, reparador del cansancio. El sujeto es insensible a ruidos y las funciones vitales están bajo mínimos (aparecen las ondas delta).

Fase 5. Se denomina la fase del «sueño paradójico». Aparecen las ondas beta, los movimientos oculares rápidos (REM) y la actividad onírica de los sueños. La interrupción del sueño en esta fase puede inducir trastornos psíquicos más o menos graves. Es la fase reparadora del cansancio psíquico y nervioso y cierra el ciclo del sueño.

2. ¿Por qué no duermes bien?

Las causas del insomnio pueden ser muy diversas, por lo que conviene hacer un análisis del estado de situación de la persona que padece insomnio (anamnesis), con los siguientes pasos:

1. Revisión de hábitos y costumbres.
2. Análisis del estado de situación: ver si hay factores personales, preocupaciones o causas externas que puedan influir; si hay alguna afección o enfermedad que requiere la prescripción de fármacos de manera crónica; por ejemplo: tener dolor, asma, incontinencia urinaria, alergia, etc. Algunos medicamentos, alimentos o bebidas excitantes pueden ser responsables del insomnio. Por otro lado, hay plantas que son incompatibles con la medicación de síntesis y hay que considerarlo.
3. Llegado el caso, reconocer signos o situaciones en las que se impone consultar al médico o al farmacéutico y no actuar por cuenta propia.

La selección de la planta hipnótica o sedante más adecuada a ese caso en concreto se debe consultar a un farmacéutico, que es el sanitario con mayor conocimiento sobre plantas medicinales.

No es buena idea automedicarse sin un conocimiento previo.

A continuación os muestro un cuadro con el resumen con las causas más frecuentes de insomnio:

Causas externas

Cama incómoda, frío, luz intensa, ruidos, calor, ejercicio físico o mental antes de ir a dormir, pantallas digitales, malos hábitos o costumbres inapropiadas.

Enfermedades crónicas

Artrosis o artritis (dolor), asma, diabetes, alteraciones tiroides, prostatismo, incontinencia urinaria, párkinson, epilepsia, alergias, apnea del sueño, síndrome de piernas inquietas, EPOC, sida, alzhéimer, etc.

Trastornos psíquicos

Depresión, estrés, ansiedad, anorexia nerviosa, crisis psicóticas, esquizofrenia…

Circunstancias personales

Divorcio, estrés, soledad, miedos, desempleo, duelo, accidente, *jet lag* o trabajo por turnos.

Fármacos

Uso de anfetaminas, adrenérgicos, teofilina, pseudoefedrina, metotrexate, diuréticos, bupropion, antidepresivos, corticoides, broncodilatadores, antihistamínicos, antipsicóticos, etc.

Estimulantes (toxicomanías)

Drogas de abuso, café, té, alcohol y tabaco.

3. ¿Eres búho o alondra?

Hace ya algunos años que se habla de búhos y de alondras, en relación con los comportamientos y hábitos de las personas en torno al sueño y al despertar.

Se denomina «búhos» a aquellos a los que les cuesta mucho madrugar, que necesitan un tiempo hasta que se despiertan, que son noctámbulos y que no encuentran la hora de irse a dormir.

Las alondras son madrugadoras, les encanta madrugar y se levantan con las pilas puestas.

Existen unos cuantos test para saber a qué grupo perteneces, en función de tus respuestas:
- Test del cronotipo de Múnich
- Test MEQ
- Test de Horney Otsberg
- Otros

Parece que los resultados arrojan que el 25 % de la población europea son *búhos* (mayoritariamente varones), el 15 % son *alondras* (mayormente mujeres) y un 60 % no se siente identificado con ninguno de estos patrones.

Se denomina «cronotipos» a las diferentes conductas que inducen a las personas a comportarse de una manera u otra, por las mañanas y por las noches, obedeciendo

a patrones diferentes de los ritmos circadianos, en función de la luz o la oscuridad y según los niveles de su melatonina en sangre.

Podemos resumir las características de cada grupo marcados por el componente genético, que es el verdadero responsable de su comportamiento:

BÚHOS	ALONDRAS
Trasnochadores	*No trasnochadoras*
Vespertinos	*Matutinas*
Noctámbulos	*Diurnas*
No madrugadores	*Madrugadoras*
Se levantan tarde	*Se levantan temprano*
Les cuesta activarse	*Despiertan con las pilas puestas*
Sin prisa para ir a dormir	*Se duermen al instante*

A todos los efectos, lo que se dice en este libro sirve de guía, tanto para búhos como para alondras; ya que en lo único que se diferencian es en los horarios. Unos y otros pueden tener insomnio; pero unos en ocasiones no podrán dormirse a las 4 de la madrugada y otras no conciliarán el sueño a su hora habitual. La ruptura de los horarios habituales es siempre una causa de insomnio añadida a otros factores; pero lo cierto es que mantener las rutinas de cada cual es fundamental en el ritual del sueño y, dentro de lo posible, hay que respetarlo.

4. ¿Cómo saber si es insomnio?

© Juan Peña

El insomnio no es una enfermedad; sabes que lo padeces, sin necesidad de que te lo diga un médico. Es la propia persona que lo sufre quien manifiesta que su sueño no es placentero, ni profundo, ni reparador; y que afecta al rendimiento de su actividad laboral, académica y familiar.

Los signos más evidentes de que tienes insomnio son:

- Dificultad para conciliar el sueño.
- Despertar temprano matutino (antes de lo previsto).
- Despertar varias veces a lo largo de la noche.
- Dificultad para levantarse por las mañanas.
- Dificultad para la actividad personal y laboral.
- Somnolencia excesiva durante el día.
- Sensación de no haber dormido suficiente (sueño no reparador).
- Quedarse dormido en momentos inapropiados durante el día.
- Tener pesadillas, pensamientos inquietantes, dolores, micción frecuente.
- Sensación de fatiga, angustia, falta de energía, irritabilidad, frustración, desorientación.

5. ¿Qué es el insomnio?

© Juan Peña

El insomnio es un trastorno del sueño que padece hasta el 30 % de la población adulta en algún momento de su vida, y hasta el 50 % de las personas mayores de 65 años de forma crónica.

Se estima que, en España, más de 12 millones de personas padecen graves trastornos de sueño y un 30 % de la población duerme menos de 6 horas. Uno de cada tres adultos no tiene un sueño de calidad y está demostrado que dormir mal de forma continuada es un factor que incrementa el riesgo de muerte en un 20 %.

Ahora bien, el insomnio no es una enfermedad, es un síntoma que nos alerta de que algo no va bien y está provocando una alteración en el ritmo circadiano del sueño-vigilia.

Insomnio es, literalmente, incapacidad para dormir.

Insomnio es una alteración en cantidad o en calidad del sueño normal fisiológico durante tres veces por semana como mínimo y que interfiere las funciones ocupacionales y sociales provocando malestar y preocupación en la persona. Otros lo definen como dificultad para iniciar o mantener el sueño; como incapacidad para reanudar el sueño después de un despertar; como sueño no reparador que impide la

actividad normal diurna o una combinación de los anteriores.

Para evaluar si existe un trastorno del sueño tiene que verse afectado el ritmo y la actividad diurna diaria; si no, no es insomnio verdadero. Una persona que habitualmente duerme 4-5 horas y que hace su vida normal no es un insomne. Por otro lado, se considera normal tener hasta 2-3 despertares breves por la noche, incluso dormir una noche cada dos o tres puede ser aceptable.

6. ¿Existe predisposición a padecer insomnio?

Se ha determinado que hay algunos grupos de personas con cierta predisposición a padecer insomnio:

✓ *Personas mayores de 80 años*
✓ *Mujeres embarazadas*
✓ *Madres lactantes*
✓ *Enfermos crónicos en general*
✓ *Personas con más de cuatro fármacos en tratamiento*
✓ *Personas con déficit inmunitario*
✓ *Alérgicos o hipersensibles*
✓ *Personas con estrés o nerviosismo*
✓ *Mujeres con menopausia*
✓ *Personas con alteraciones psíquicas*
✓ *Personas que toman diuréticos en la cena*
✓ *Toxicómanos*
✓ *Fumadores*

7. ¿Hay tipos diferentes de insomnio?

Se ha acordado concretar la clasificación del insomnio en cuatro tipos claramente diferenciados:

- **Insomnio de conciliación.** Es el más frecuente. Se caracteriza por una gran dificultad para iniciar el sueño, que supone tardar más de 20-30 minutos para quedarse dormido.
- **Insomnio por despertar precoz.** Es un tipo de insomnio que se presenta entre las dos y las cuatro de la madrugada, y ya no se puede conciliar el sueño de nuevo.
- **Insomnio de mantenimiento.** Se engloba en este tipo aquellos casos en los que no se permanece dormido toda la noche; sino que presentan episodios de despertares frecuentes y se hace imposible volver a dormir.
- **Sueño no reparador.** Las personas que padecen este tipo de insomnio tienen un sueño muy ligero, con desvelos intercalados. No se alcanza profundidad ni resulta ser un sueño satisfactorio. Se habla de una mala calidad de sueño. No se alcanza la fase REM.

Existe otra clasificación en función de la duración del insomnio en:

- Agudo. Dura 1-6 días y generalmente está producido por estrés.
- Moderado. Dura 1-4 semanas y se relaciona con problemas laborales, duelo o causas externas.
- Severo. Dura 1 mes o más y requiere atención médica.

Si tenemos en cuenta la causa del insomnio podemos clasificarlo en dos tipos:

1. Insomnio primario. Se desconoce la causa. Representa el 15-20 % de los casos de insomnio.
2. Insomnio secundario. La causa del insomnio se relaciona con enfermedad, fármacos, problemas mentales, etc. El 80 % de los casos de insomnio proceden de estas circunstancias.

Hay otros tipos de insomnio menos frecuentes como hipersomnia, parasomnia o sonambulismo, que requieren un estudio más pormenorizado, en cuyo caso hay que consultar a un médico o a un experto en el tema.

A continuación os presento un esquema para identificar el tipo de insomnio y alguna característica significativa:

INSOMNIO DE CONCILIACIÓN	Tarda más de 30 minutos en conciliar el sueño	Es el más frecuente
DESPERTAR PRECOZ	Despertares nocturnos	Más de 3 veces en la noche
INSOMNIO DE MANTENIMIENTO	Dormir menos de 5 horas durante más de 5 días a la semana	En ancianos y deprimidos
SUEÑO NO REPARADOR	Sensación de dormir tiempo insuficiente	Medicamentos estimulantes

8. ¿Cuándo hay que acudir al médico?

Dadas las siguientes circunstancias, hay que acudir al médico:

- Insomnio o sonambulismo en niños menores de 12 años.
- Insomnio en menores de 2 años y mayores de 75 años.
- Insomnio que dura más de 3 semanas.
- Insomnio en personas con enfermedades crónicas: corazón, tiroides, hipertensión, hígado, apnea, EPOC, hormonas, depresión, obesidad, insuficiencia hepática.
- Insomnio en personas con tratamientos médicos múltiples.
- Insomnio en mujeres embarazadas.
- Insomnio en personas con tratamiento psiquiátrico.
- Si pasan más de 3 semanas con tratamiento establecido y sin mejoría apreciable.

CONSULTA AL MÉDICO

- SI TOMAS MEDICAMENTOS
- SI PASAN 3 SEMANAS SIN MEJORÍA
- ENFERMEDADES CRÓNICAS
- SONAMBULISMO
- PREOCUPACIONES, DEPRESIÓN, TRISTEZA
- OBESIDAD
- ESTRÉS

9. ¿Cuáles son los errores más frecuentes?

© Juan Peña

- ✓ Salir a cenar fuera de casa, trasnochar hasta altas horas y querer dormirse al instante siguiente.
- ✓ Hacer gimnasia, baile o bicicleta dos horas antes de irse a dormir.
- ✓ Tomar café, bebidas con cola, té, bebidas alcohólicas o fumar cigarrillos en la cena.
- ✓ Cena abundante y copiosa dos horas antes de dormir.
- ✓ Dormir dos horas de siesta y querer dormir luego más de cinco horas por la noche.
- ✓ Ver programas de tensión (películas, tertulias o debates) en TV antes de ir a la cama.
- ✓ Mantener la atención y la tensión con el teléfono móvil o pantallas en la cama.
- ✓ Dormir en una habitación con calor, con ruidos o conversaciones en voz alta.
- ✓ Hacerse una infusión de té negro con menta es todo lo contrario a conciliar el sueño, porque son dos plantas con acción estimulante del sistema nervioso central.

10. ¿Te has cansado de contar ovejitas?

© Juan Peña

Solo te quedan 3 opciones:

A. Tomar la decisión de cambiar tus hábitos y costumbres. Es lo más difícil.
B. Probar con plantas medicinales y consultar al farmacéutico. Siempre que no tengas enfermedades crónicas o agudas.
C. Ir al médico y tomar medicación durante un tiempo. En todo caso, si hace más de 3 semanas que no resuelves el insomnio o si tienes una enfermedad crónica con medicación pautada.

11. ¿Hay REGLAS DE ORO para dormir?

© Juan Peña

- ✓ Horario regular: acostarse y levantarse siempre a la misma hora.
- ✓ No hagas ejercicio físico cuatro horas antes de ir a dormir, pero sí se pueden hacer ejercicios de relajación treinta minutos antes de dormir.
- ✓ No tomes bebidas excitantes como bebidas de cola, tabaco, café, té, alcohol ni drogas estimulantes 4 horas antes de ir a dormir.
- ✓ Si no consigues dormir en 25–30 minutos, sal de la habitación, realiza alguna actividad relajante y luego vuelve a intentarlo.
- ✓ Aplica la técnica de restricción de sueño, que consiste en no permanecer en la cama más de 8 horas.

- ✓ Toma un vaso de leche una hora antes de ir a dormir.
- ✓ La leche favorece el sueño por su contenido en triptófano.

✓ La siesta no debe durar más de 45 minutos, porque es un tiempo que se descuenta del sueño nocturno, y se recomienda que sea antes de las 15:00 horas.

✓ Come y bebe sin excesos, dieta equilibrada, siempre cenas ligeras y dos horas antes de ir a dormir.

✓ Realizar la misma rutina cada noche: cepillarse los dientes, ponerse el pijama, etc. No ir a la cama hasta no sentir la sensación de sueño.

✓ No te obsesiones si no te duermes; levántate y vuelve a intentarlo en media hora. Puedes tomar una infusión de plantas inductoras del sueño.

✓ Aplica técnicas de relajación: toma un baño caliente durante menos de cinco minutos, habitación oscura, fresca y en silencio, haz yoga, meditación, visualización, respiración abdominal, relajación muscular progresiva o escucha música suave.

✓ La cama no debe utilizarse para comer o ver la tele. Películas de terror o suspense antes de acostarse no son buena idea.

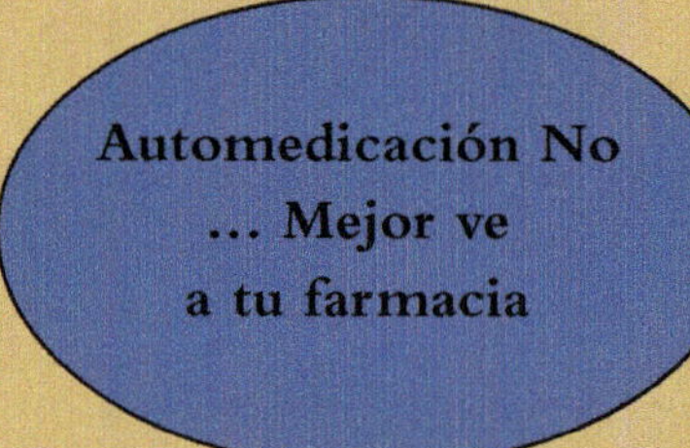

✓ Si nada te funciona, no te automediques. Consulta al farmacéutico, que te ofrecerá otras opciones; y si no remite el insomnio, acude al médico sin dudarlo más. Puedes tomar pastillas para el insomnio durante unos días. Si eres asmático, bronquítico, sonámbulo, depresivo, obeso o tienes una enfermedad crónica, es normal que tengas insomnio y tendrás que tomar medicación, pero después lo dejarás poco a poco.

✓ También puedes tomar complementos alimenticios como melatonina, magnesio, tiamina, niacina, triptófano, GABA, etc.

12. ¿Cuáles son las plantas más útiles para dormir?

Hay una serie de plantas que han demostrado su idoneidad para aliviar y resolver problemas relacionados con el sueño. A continuación, pongo a tu disposición una colección de fichas con las características más notables de cada una.

TILA

© Gerardo Stübing

Especie medicinal: *Tilia cordata* o *Tilia platyphylos.*

Familia: *Malvaceae.*

Parte útil: Inflorescencias (todo lo que florece).

Composición: Mucílagos, aceites esenciales, flavonoides y taninos.

Acción terapéutica: Tranquilizante y relajante, sedante, espasmolítica, cicatrizante y colagoga.

Uso medicinal: En infusión o extracto fluido para nerviosismo, ansiedad o insomnio. Aprobado su empleo tradicional por la ESCOP, para catarros, tos, ansiedad o intranquilidad en adultos y niños mayores de cuatro años. La droga es activa en forma de baños relajantes con infusión o extracto de las flores; o bien vía oral como flores secas en cápsulas, en jarabes, etc.

Dato importante: Adecuada para niños y embarazadas. Precaución en conductores. No mezclar con otros medicamentos. En caso de dudas, consultar al médico o al farmacéutico.

Dato curioso: Los romanos hacían pergaminos con su corteza. Para los alemanes es un árbol sagrado, se usaba para marcar las lindes de las tierras y bajo su sombra se realizaban juicios y festejos. Pueden vivir hasta novecientos años y llegar a cuarenta metros de altura.

Lavanda

© *Gerardo Stübing*

Especie medicinal: *Lavandula angustifolia.*

Familia: *Lamiaceae.*

Parte útil: Inflorescencias (lo que florece).

Composición: Aceite esencial (terpenos), cumarinas, flavonas y cetonas.

Acción terapéutica: Sedante, inductora del sueño y alivia los signos de estrés. También es antiinflamatoria y regeneradora.

Uso medicinal: Las flores en infusión y el aceite esencial en forma de inhalación o toques para uso externo en heridas y quemaduras. Muy útil para nerviosismo, insomnio y ansiedad. Incluida en la Farmacopea Europea. Aprobada por la ESCOP para uso tradicional.

Dato importante: Puede provocar hipersensibilidad y somnolencia. Evitar en caso de gastritis. La EMA recomienda no utilizarla en heridas abiertas o lesiones dermatológicas. Precaución en conductores. No mezclar con otros fármacos. En caso de dudas, consultar al médico o al farmacéutico.

Dato curioso: El nombre proviene de *lavare* y se usaba para añadir al agua de la bañera antes de ir a dormir. Los campos de lavanda en Brihuega (Guadalajara) se han hecho muy famosos.

VALERIANA

© Manuela Plasencia Cano

Especie medicinal: *Valeriana officinalis.*

Familia: *Caprifoliaceae.*

Parte útil: Raíces, rizoma y estolones.

Composición: Aceite esencial (terpenos), valepotriatos y flavonas.

Acción terapéutica: Antiespasmódica, reduce la actividad motora y sedante. Su acción empieza a manifestarse a los 3-4 días de iniciar su empleo.

Uso medicinal: En infusión, extracto seco y tintura para nerviosismo, insomnio y ansiedad. Dosis única 30-60 minutos antes de acostarse. ESCOP y EMA aprueban su empleo tradicional para aliviar la tensión nerviosa y para conciliar el sueño, siempre en mayores de 12 años.

Dato importante: No asociar con alcohol, opiáceos y otros fármacos sedantes. Evitar en insuficiencia hepática. Puede producir adicción y efectos adversos como cefalea, náuseas, midriasis y nerviosismo.

Dato curioso: Se ha usado desde hace más de mil años como sedante, inductor del sueño y también como antiespasmódico gastrointestinal. Olor muy desagradable.

Flor de la pasión

© Gerardo Stübing

Especie medicinal: *Passiflora incarnata.*

Familia: *Passifloraceae.*

Parte útil: La planta entera sin raíces.

Composición: Flavonoides, alcaloides, fenoles y cumarinas.

Acción terapéutica: Sedante, miorrelajante y ansiolítica, alivia los síntomas leves de estrés mental, hipnótica y antiespasmódica.

Uso medicinal: En infusión, cápsulas o jarabe para ansiedad, insomnio y nerviosismo. La EMA aprueba su uso tradicional para los síntomas leves de estrés mental y para conciliar el sueño. La ESCOP reconoce sus efectos beneficiosos para el nerviosismo y el insomnio.

Dato importante: No asociar con alcohol ni con otros fármacos sedantes o antidepresivos. Puede producir hipersensibilidad. Evitar en conductores y en niños menores de 12 años. En caso de dudas, consultar al médico o al farmacéutico.

Dato curioso: Nicolás Monardes cita esta planta en sus escritos del año 1569. Los jesuitas la denominaron «flor de la pasión», relacionándola con la religión. Es trepadora.

Espino albar

© Gerardo Stübing

Especie medicinal: *Crataegus monogyna.*

Familia: *Rosaceae.*

Parte útil: La planta entera sin raíces.

Composición: Flavonoides, antocianos y aminas.

Acción terapéutica: Sedante, ansiolítica, cardiotónica, antiarrítmica y relajante. Alivia el nerviosismo y las palpitaciones.

Uso medicinal: En infusión, extracto o cápsulas para palpitaciones, nerviosismo, ansiedad y estrés. La ESCOP ha aprobado el extracto hidroalcohólico para insuficiencia cardíaca. La EMA avala su uso tradicional.

Dato importante: No asociar con otros medicamentos. Precaución en enfermos cardíacos, conductores y en menores de 18 años. Puede producir somnolencia.

Dato curioso: Los frutos se han usado para hacer vino y mermeladas. También se llama majuelo o espino blanco. Hay una leyenda que dice que el espino protege contra los rayos.

Hasta el siglo XX no se descubrió su propiedad como tónico cardiaco.

Amapola de California

© Gerardo Stübing

Especie medicinal: *Eschscholtzia califórnica.*

Familia: *Papaveraceae.*

Parte útil: Planta entera sin raíces.

Composición: Alcaloides, flavonas, carotenos y heterósidos.

Acción terapéutica: Sedante, inductora del sueño, ansiolítica y alivia el estrés mental.

Uso medicinal: En infusión y cápsulas para ansiedad, insomnio y nerviosismo, unos treinta minutos antes de acostarse. Aprobado por la EMA para conciliar el sueño y para ansiedad.

Dato importante: Puede producir somnolencia. Precaución en pacientes con glaucoma o hipertensión y en conductores. Evitar en caso de embarazo y lactancia materna. En caso de dudas, consultar al médico o al farmacéutico.

Dato curioso: Ha recibido el nombre en honor al botánico alemán Johann Friedrich von Eschscoltz. Es la flor oficial del estado de California, en EE. UU.

MELISA

© Gerardo Stübing

Especie medicinal: *Melissa officinalis.*
Familia: *Lamiaceae.*
Parte útil: Hojas.
Composición: Aceite esencial (terpenos), fenoles, flavonas y taninos.
Acción terapéutica: Aromática, digestiva, tranquilizante, sedante y antiestrés.

Uso medicinal: En infusión, tintura y extracto fluido para irritabilidad, nerviosismo, insomnio y estrés, cada 12 horas. Aprobado por la EMA al uso tradicional para intranquilidad y espasmos. La ESCOP también la aprueba por vía tópica para el herpes labial.

Dato importante: No asociar con otros fármacos sedantes. Precaución en menores de 12 años. Evitar en conductores y en embarazadas. En caso de dudas, consultar al médico o al farmacéutico. Valeriana y melisa son las dos plantas más utilizadas en pediatría, pero no hay datos concluyentes.

Dato curioso: Es la planta que atrae a las abejas. También se llama toronjil y huele a limón y a menta. Melisa era la ninfa mitológica que alimentó a Zeus con miel y leche.

VERBENA

© Manuela Plasencia Cano

Especie medicinal: *Verbena officinalis.*

Familia: *Verbenaceae.*

Parte útil: Inflorescencias.

Composición: Aceites esenciales (terpenos), glucósidos, taninos, mucilagos y saponinas.

Acción terapéutica: Sedante, tranquilizante, analgésica, antiespasmódica, antihemorrágica, protectora del hígado y diurética.

Uso medicinal: En infusión, cápsulas o jarabe para ansiedad, taquicardia, insomnio, nerviosismo, tos y migrañas. Uso externo para heridas y quemaduras. Avalado por la ESCOP y la Comisión E alemana.

Dato importante: Evitar en embarazadas. No asociar con alcohol, ni con otros fármacos sedantes, ni en alteraciones tiroideas. En caso de dudas, consultar al médico o al farmacéutico.

Dato curioso: Descrita por Carlos Linneo en 1753. Forma parte de la magia de muchas tradiciones de los egipcios, griegos, romanos, etc. Favorece la polinización. Se recolecta la noche de San Juan para proporcionar felicidad, según la tradición.

HIERBALUISA

© Gerardo Stübing

Especie medicinal: *Aloysia citrodora.*

Familia botánica: *Verbenaceae.*

Parte útil: Hojas.

Composición: Aceites esenciales, glucósidos, taninos, mucilagos y saponinas.

Acción terapéutica: Aromática, sedante, digestiva y antiespasmódica.

Uso medicinal: En infusión, cápsulas o jarabe para ansiedad, insomnio y nerviosismo (aprobado por la EMA a partir de 12 años).

Dato importante: Evitar en alteraciones hepáticas. Precaución en conductores. No asociar con alcohol, ni con otros fármacos sedantes o anticoagulantes. En caso de dudas, consultar al médico o al farmacéutico.

Dato curioso: Es aromatizante (limón) y se utiliza como repelente de insectos, en perfumería y como condimento para preparar platos y bebidas. Según algunos autores, su nombre se debe a la princesa de Asturias Mª Luisa de Borbón, hija de Carlos IV, aunque otros afirman que se dedicó a su esposa, Mª Luisa de Parma.

LÚPULO

© Manuela Plasencia Cano

Especie medicinal: *Humulus lupulus.*
Familia botánica: *Cannabaceae.*
Parte útil: Inflorescencias femeninas.

Composición: Aceites esenciales, taninos, fenoles y flavonas.

Acción terapéutica: Hipnótica y sedante.

Uso medicinal: En infusión oral y jarabes para ansiedad, insomnio leve y estrés mental. Aprobado por la EMA y la ESCOP.

Dato importante: Evitar en embarazadas. No asociar con alcohol, ni con otros fármacos sedantes. Precaución en conductores. En caso de dudas, consultar al médico o al farmacéutico.

Dato curioso: El lúpulo es fundamental en la elaboración de la cerveza desde el siglo XVI y le confiere su típico sabor amargo. Todos los años, en agosto, se celebra un festival de la cerveza en Hallertau (Baviera). Pertenece a la misma familia que el cannabis, pero no tiene el mismo efecto. Se han encontrado en el lúpulo más de 400 sustancias mediante un cromatógrafo de gases.

13. ¿Cómo se clasifican las plantas del sueño?

© *Juan Peña*

Las diferencias entre las plantas inductoras del sueño, sedantes y tranquilizantes es muy tenue; sin embargo, vamos a clasificarlas:

Hay muchas plantas que han demostrado a través de la historia que son muy eficaces para favorecer el sueño. Reciben el nombre de hipnóticas, sedantes y/o tranquilizantes. Muchas de ellas tienen una acción variable según la dosis.

- Las **plantas hipnóticas** son las que producen un sueño similar al natural o fisiológico, provocando una inconsciencia reversible. La amapola de California es la representante de este grupo.
- Las **plantas ansiolíticas:** El espino albar es el representante del grupo. Son plantas de acción tranquilizante que se traduce en una disminución de la tensión nerviosa, del ritmo cardíaco y de la hipertensión, súbita o gradual, que sufren las personas con ansiedad. Son capaces de reducir la típica sensación de peligro inminente que caracteriza el ataque de ansiedad.
- Las **plantas sedantes** son las que atenúan la hiperexcitabilidad nerviosa, reduciendo la tensión nerviosa, el estrés y la ansiedad. El efecto sedante contribuye a conciliar el sueño,

aunque no son hipnóticas técnicamente. En este grupo se encuentran: lúpulo, lavanda, pasiflora y valeriana.

- Las **plantas tranquilizantes** calman el nerviosismo sin alterar la conciencia y sin inducir sueño directamente. Tila y melisa tienen este efecto.

CLASIFICACIÓN DE PLANTAS MEDICINALES PARA DORMIR

1. HIPNÓTICAS: AMAPOLA DE CALIFORNIA Y KAVA-KAVA.

2. ANSIOLÍTICAS: ESPINO ALBAR Y MARRUBIO NEGRO.

3. SEDANTES: LÚPULO, VALERIANA, LAVANDA Y PASIFLORA

4. TRANQUILIZANTES SUAVES: TILA, MELISA, HIERBALUISA, VERBENA, NARANJA AMARGA, MANZANILLA, TRÉBOL DE AGUA Y BOLDO.

Hay otra clasificación general de plantas en base a sus condicionantes legales.

La legislación actual reconoce y regula los medicamentos a base de plantas medicinales desde la publicación de la Ley 29/2006 y del RD 1345/2007. En el texto se diferencian tres tipos de registros para la comercialización de las plantas medicinales:

1. Medicamentos a base de plantas medicinales. Precisan de un registro como medicamentos y llevan prospecto. Son de venta exclusiva en farmacias.

2. Medicamentos tradicionales a base de plantas medicinales (MTP). Pueden acogerse al registro simplificado siempre que cumplan la condición de inocuidad demostrada en su consumo tradicional durante treinta años en el mundo y quince años en Europa. Se comercializan con prospecto y son de venta en farmacias.

3. Complementos alimenticios. Tienen una función no terapéutica, sino alimentaria. Son vitaminas, minerales, aminoácidos, fibra, ácidos grasos esenciales, etc. No pueden llevar ninguna especificación sobre salud o enfermedad. De venta en herbolarios, supermercados, dietéticas, grandes superficies y farmacias.

14. ¿Hay un cuadro con lo más importante?

Aquí tienes un cuadro para resaltar el nombre de la planta, la localización de su parte útil en terapéutica, su composición química, la acción terapéutica documentada, para qué problemas de salud están indicadas y la forma más habitual de comercialización.

PLANTA MEDICINAL	COMPOSICIÓN	ACCIÓN	INDICACIÓN	COMERCIA-LIZADOS
VALERIANA (raíz y rizoma)	Aceites esenciales Valepotriatos Ácidos fenólicos Flavonoides, GABA, tirosina	Induce el sueño < despertares < actividad motora	Nerviosismo Ansiedad Insomnio agudo y crónico	Cápsulas Comprimidos Grageas VALERIANA
PASIFLORA (sumidad aérea)	Flavonoides Ácidos fenólicos Cumarinas, esteroides y alcaloides	Depresor del SNC < actividad motora > Tº de sueño IMAO	Ansiedad Insomnio Nerviosismo	Trociscos Cápsulas Comprimidos PASIFLORA

PLANTA MEDICINAL	COMPOSICIÓN	ACCIÓN	INDICACIÓN	COMERCIA-LIZADOS
MELISA (hojas y sumidad aérea)	Aceite esencial Mono y sesquiterpenos Flavonoides y taninos	< actividad motora >T° de sueño Sedante	Ansiedad, estrés Insomnio Nerviosismo Irritabilidad	Planta fresca Infusiones Cápsulas MELISA
ESPINO BLANCO (sumidad florida)	Aceite esencial flavonoides y taninos Triterpenos Esteroides	Hipnótica Depresor del SNC Actividad cardíaca Relajante muscular	Ansiedad Insomnio Palpitaciones Nerviosismo	Planta fresca Infusiones Cápsulas CRATAEGUS ESPINO BLANCO
LÚPULO (inflorescencias femeninas)	Aceites esenciales Floroglucinoles Flavonoides Taninos y fenoles	Hipnótica Sedante	Insomnio leve Ansiedad Nerviosismo	Planta fresca Infusiones LÚPULO
LAVANDA (inflorescencias)	Aceite esencial Cumarinas, taninos, flavonoides Terpenos, esteroides	> Tiempo de sueño < actividad motora	Insomnio Ansiedad Nerviosismo	Planta fresca Aceite esencial LAVANDA

PLANTA MEDICINAL	COMPOSICIÓN	ACCIÓN	INDICACIÓN	COMERCIA-LIZADOS
TILA (inflorescencias y brácteas)	Aceite esencial Flavonoides y taninos Polisacáridos Ácidos fenólicos	Hipnótica Sedante Depresor del SNC	Insomnio Ansiedad Nerviosismo	Planta fresca Infusiones TILA
HIERBALUISA (hojas)	Aceite esencial Flavonoides	Sedante Hipnótica Antiespasmódica	Ansiedad Insomnio Nerviosismo	Infusiones HIERBALUISA
VERBENA (sumidad florida)	Iridoides Flavonoides	Depresor ligero del SNC	Ansiedad Insomnio Nerviosismo	Planta fresca Infusiones VERBENA
AMAPOLA DE CALIFORNIA (sumidad florida)	Alcaloides Flavonoides Heterósidos Carotenos	Sedante Inductor del sueño < actividad motora Ansiolítica	Ansiedad Insomnio Nerviosismo Estrés mental	Cápsulas AMAPOLA DE CALIFORNIA

15. ¿Cómo seleccionar las plantas somníferas?

Te voy a explicar someramente cómo se seleccionan las plantas; aunque sea solo a título informativo.

La selección de plantas con efectos hipnóticos o sedantes se basa fundamentalmente en su uso tradicional durante siglos; pero con el desarrollo de la ciencia se ha demostrado científicamente la relación que existe entre su composición y su acción terapéutica. En medios acreditados se publican muchas referencias de estudios y ensayos de investigación con plantas medicinales en revistas especializadas, como la revista Fitoterapia de la Sefit. También en el Google Académico y buscar con el nombre de la planta medicinal para ver todos los estudios científicos que se han realizado o publicado en el mundo.

El uso de las plantas medicinales hoy está reconocido legalmente. Existen muchas instituciones y entidades profesionales en el mundo de la Fitoterapia, dedicadas al estudio y divulgación del uso terapéutico de las plantas con reconocido prestigio, como la EMA (Agencia Europea del Medicamento), la ESCOP (European Scientific Cooperative On Phytotherapy, La

SEFIT (Sociedad Española de Fitoterapia), Centro de Investigación sobre Fitoterapia (INFITO), etc.

En la selección hay que considerar muchos aspectos sobre la persona y sobre la planta; por ello, son los farmacéuticos, médicos y otros sanitarios expertos en plantas medicinales los que están preparados para hacerlo. Por tanto, ellos son los que pueden ayudarte a seleccionar la mejor opción para tu caso en particular.

Seleccionar bien las plantas inductoras del sueño requiere un conocimiento previo. Hay plantas que no son aptas para determinadas situaciones, como hemos visto en capítulos anteriores.

La Farmacopea Europea es el libro de referencia para todos los profesionales del mundo del medicamento. Contiene más de 2.000 monografías sobre fármacos, sueros, plantas medicinales, antibióticos, etc. Ha sido consensuado por 37 países y dicta las normas de calidad vigentes. La Farmacopea Española y el Catálogo del Consejo de los Farmacéuticos son los libros oficiales en España.

Hay cinco preguntas clave para identificar el problema y el estado de situación:

Primera pregunta: ¿Para quién es? (edad y situación fisiológica o clínica).

Segunda pregunta: ¿Qué medicamentos utiliza de forma crónica o frecuente?

Tercera pregunta: ¿Tiene nerviosismo o ansiedad?

Cuarta pregunta: ¿Hábitos inadecuados? ¿Preocupaciones? ¿Estrés?

Quinta pregunta: ¿Desde cuándo no duerme bien?

Las respuestas a estas preguntas nos ofrecen algunas claves para seleccionar la mejor opción en fitoterapia.

Nota: Para más seguridad en las decisiones, consulte a un sanitario experto en plantas medicinales.

A continuación, tienes un ejemplo de un cuadro, que no es para uso del público en general y que lo hice para mis alumnos farmacéuticos. Es solo una muestra con referencia a las plantas sedantes para situaciones determinadas y para pacientes vulnerables.

SELECCIÓN DE PLANTAS HIPNÓTICAS	
NIÑOS DE HASTA 12 AÑOS	*TILA Y MELISA*
EMBARAZADAS	*TILA*
LACTANCIA MATERNA	*TILA, ESPINO, MELISA, VALERIANA*
HIPERTENSOS	*VALERIANA Y PASIFLORA*
MAYORES DE 65 AÑOS Y EN INSUFICIENCIA HEPÁTICA	*PASIFLORA, MELISA, ESPINO Y TILA*

Por lo general, las embarazadas, madres lactantes y niños menores de 12 años deben evitar el uso de plantas medicinales y de fármacos sintéticos por su cuenta. No hay estudios que garanticen y avalen su empleo en estas situaciones, ni con pacientes tan vulnerables. Las plantas medicinales han demostrado tener una baja toxicidad y escasos efectos adversos; pero asegurar su inocuidad es un tema imprevisible.

También puede resultar útil el siguiente esquema general para el tratamiento fitoterapéutico del insomnio; aunque el criterio de tu asesor sanitario profesional es primordial.

ESQUEMA GENERAL
TRATAMIENTO FITOTERAPEÚTICO
INSOMNIO

MEDIDAS NO FARMACOLÓGICAS

FITOTERAPIA

HIGIENE DEL SUEÑO

INSOMNIO DE CONCILIACIÓN:

AMAPOLA de CALIFORNIA

ESPINO ALBAR

DESPERTAR PRECOZ:

PASSIFLORA

ESPINO ALBAR

TÉCNICAS COGNITIVO-CONDUCTUALES

ANSIEDAD:

AMAPOLA de CALIFORNIA

VALERIANA

INSOMNIO DE MANTENIMIENTO:

VALERIANA

ESTRÉS:

ESPINO ALBAR + Mg

INSOMNIO/ANSIEDAD/NERVIOSISMO:

MELISA, LÚPULO, LAVANDA, TILA, HIERBALUISA, VERBENA, VALERIANA

16. ¿Qué precauciones hay que tener?

Hay muchas situaciones en las que bajo ningún concepto puedes utilizar estas plantas medicinales para dormir. Son productos de origen vegetal, pero no son inocuos; algunas pueden producir efectos adversos como medicamentos que son.

El caso de las personas mayores o polimedicadas es siempre conflictivo porque pueden aparecer interacciones entre los fármacos sintéticos y las plantas con resultados indeseables.

Los niños y las embarazadas son un grupo de personas sobre las que no está permitido hacer experimentos científicos, ni hacer ensayos clínicos; por ello, siempre están excluidos en fitoterapia o se requieren precauciones con análisis previos de cada paciente.

Los conductores de largo recorrido y los trabajadores que manejan maquinaria de precisión son especialmente sensibles a este tipo de medicación que incide directamente sobre la atención, el rendimiento en el trabajo y el sueño.

Cualquier persona que tenga enfermedades de corazón, de hígado, de tipo nervioso, déficit de atención o cualquier tipo de problema relacionado con el sistema nervioso, debería abstenerse de tomar plantas medicinales por su cuenta.

Por tanto, las precauciones son muchas. A continuación os he preparado un esquema con las precauciones para cada planta en particular:

PLANTA MEDICINAL	PRECAUCIONES
VALERIANA	Precaución en insuficiencia hepática. Puede producir somnolencia. Atención conductores. No asociar con bebidas alcohólicas o con opiáceos. Puede producir adicción.
PASIFLORA	Sedación habitual. Precaución en conductores.
MELISA	Precaución en conductores. Evitar asociación con fármacos sedantes.
ESPINO BLANCO	Precaución en cardiopatías. Precaución en conductores. Evitar en embarazadas.
LÚPULO	Somnolencia. Cuidado en conductores. Contraindicado en embarazo. No asociar con otros sedantes.

PLANTA MEDICINAL	PRECAUCIONES
LAVANDA	Contraindicado en úlcera y gastritis (vía oral). Posible hipersensibilidad por el aceite esencial. Cuidado en conductores. Evitar asociar con otros sedantes.
TILA	Contraindicada en obstrucción esofágica y gastrointestinal Cuidado en conductores. Evitar administración simultánea con otros fármacos.
HIERBALUISA	No usar en enfermos con patología hepática. Precaución en conductores. No asociar con otros fármacos sedantes.
VERBENA	Evitar en embarazo. Evitar en pacientes con hipotiroidismo.
AMAPOLA DE CALIFORNIA	Evitar en pacientes con hipotiroidismo. Cuidado en conductores. Contraindicada en embarazo. Evitar en la lactancia materna. No asociar con otros medicamentos sedantes

PLANTAS HIPNÓTICAS A EVITAR EN DETERMINADAS SITUACIONES

1. En **embarazadas** *no usar nunca espino, ni lúpulo, ni verbena, ni amapola de California.*
2. En **niños** *precaución en menores de 12 años.*
3. En **cardíacos** *no usar espino albar.*
4. En *insuficiencia hepática no usar valeriana.*
5. En **conductores o personas que vayan a manejar maquinaria** *no se debe usar ninguna planta hipnótica.*
6. *Consulta a tu médico o farmacéutico.*

COMO NORMA, SI NO SABES DEL TEMA, NO TE AUTOMEDIQUES.

17. ¿Cómo hacer bien una infusión de tila?

Paso n.º 1: poner agua a hervir en cantidad suficiente para una taza o vaso.

Paso n.º 2: una cucharada colmada de flores de tila en un recipiente.

Paso n.º 3: cuando está hirviendo el agua, se retira del fuego y se añade sobre las flores. Si el agua no está hirviendo, no se van a liberar todas las sustancias activas de las flores y su acción se verá disminuida.

Paso n.º 4: dejarlo tapado y en reposo durante al menos cinco minutos. Si se retira antes de los cinco minutos, no hay garantía de que el contenido de sustancias sedantes pase al agua; por tanto, el efecto no será óptimo.

Paso n.º 5: filtrar para retirar los sólidos, endulzar a voluntad y beber el líquido.

Cuando se hace la recolección de las flores de tila, hay que tener en cuenta que la floración del árbol solo ocurre en los meses de mayo y junio; por ello, conviene hacer acopio para todo el año.

Conviene desechar las partes de la planta con parásitos o elementos extraños para tener un mínimo control de calidad en el mismo acto de la recolección, aunque sea para uso doméstico.

La desecación es otro paso importante; ya que exige que se realice en un espacio aireado, lejos del sol y de

la humedad. Normalmente las flores se secan en dos semanas; ahora bien, conviene comprobar que crujen y se desmenuzan entre los dedos para asegurar que está completamente seca y proceder a su envasado en un recipiente de cristal, de barro o porcelana.

El proceso de recolección, desecación y conservación de plantas medicinales es trascendental para obtener un producto con garantías de calidad sanitaria y terapéutica; no sólo para la Tila, sino para todas las plantas medicinales.

18. ¿Cómo hacer un jarabe casero de melisa?

Paso n.º 1: la cantidad de agua debe ser aproximadamente de 100 ml para tener suficiente jarabe para una1 semana de tratamiento. Si no se resuelve en una semana, acudir al médico.

Paso n.º 2: poner 6-12 cucharadas de hojas de melisa en un recipiente adecuado (según la edad o peso).

Paso n.º 3: hacer la infusión con el agua hirviendo sobre las hojas de melisa y dejar reposar al menos cinco minutos para que los principios activos de la planta se disuelvan en el agua.

Paso n.º 4: filtrar y añadir unas gotas de limón y miel o edulcorante hasta obtener el espesor deseado.

Paso n.º 5: conservar en envase de cristal preferentemente, al abrigo de la luz y del calor, en un lugar refrigerado.

Paso n.º 6: cada noche tomar una cucharada del jarabe de melisa una hora antes de ir a dormir. Si el efecto deseado es la sedación o relajación, tomar una cucharada de jarabe tres veces al día.

19. ¿Qué significan estos términos?

Ansiedad es un estado emocional que provoca una respuesta de miedo súbito ante una amenaza real o imaginaria. "Colagoga" es una acción que favorece la producción de bilis desde la vesícula biliar del hígado hacia el duodeno del intestino delgado.

Ansiolíticas son sustancias capaces de combatir la ansiedad, reduciendo la tensión muscular.

Automedicación es cuando los pacientes consiguen y utilizan medicamentos sin participación del médico o de un experto en medicación.

Bradicardia es la denominación de la alteración del ritmo cardíaco considerado normal por debajo de lo normal. Es tener menos de 60 pulsaciones por minuto (ppm) en reposo. Si no produce síntomas, es beneficioso porque el corazón no se desgasta. Si es grave, se corrige y se mejora con un marcapasos.

Despertar precoz es una ruptura en la secuencia de alguna fase del sueño.

Desvelo es un despertar con incapacidad para volver a dormir.

EMA son las siglas de la Agencia Europea del Medicamento. Es una agencia de la Comisión Europea descentralizada que se encarga de evaluar, autorizar, certificar y supervisar la comercialización de medicamentos en la Unión Europea.

EPOC significa Enfermedad Pulmonar Obstructiva Crónica.

ESCOP son las siglas de la Cooperativa Científica Europea sobre Fitoterapia. Se fundó en 1989 como una organización coordinadora que representa a las asociaciones europeas nacionales de fitoterapia.

Fitoterapia es la ciencia que estudia la utilización de los productos de origen vegetal con finalidad terapéutica, ya sea para prevenir, para atenuar o para curar una afección o una enfermedad.

Fitoterapéutico es un tratamiento a base de plantas medicinales.

Glándula pineal Su función es segregar melatonina, que es la hormona que controla el balance del sueño y de la vigilia, el estrés y el estado de ánimo. Está en el cerebro y es muy pequeña.

Glándula pituitaria Está situada por debajo del hipotálamo, en el cerebro. Recibe también el nombre de «glándula maestra» del cuerpo, ya que regula muchas actividades de otras glándulas endocrinas.

Interviene en el crecimiento, la ovulación, el tiroides o la diuresis.

Higiene del sueño es el conjunto de hábitos correctos para dormir bien, desde el punto de vista sanitario.

Hipnótico es toda sustancia capaz de provocar o inducir el sueño. Facilita el sueño.

Hipotálamo es una de las estructuras cerebrales con un papel más importante en la regulación de los estados de ánimo, de la temperatura corporal, del sueño, de los impulsos sexuales y del hambre y la sed. Se encuentra en el centro del cerebro.

Hormonas son los mensajeros químicos del cuerpo. Son moléculas complejas que viajan a través del torrente sanguíneo hacia los tejidos y órganos. Son las responsables de muchos procesos vitales.

Inductor del sueño es un efecto farmacológico que produce somnolencia.

Inflorescencia es la parte que florece de una planta. Se utiliza este término cuando la floración presenta más de una flor.

Miorrelajante significa que produce relajación muscular.

Melatonina es la hormona que regula el ciclo de sueño y vigilia del organismo. Su nivel aumenta durante la noche y con la oscuridad.

Noradrenalina es una molécula con múltiples funciones en el organismo. Es una hormona controladora y es un neurotransmisor de impulsos nerviosos. Sus niveles en sangre se elevan cuando se desencadenan reacciones excitantes, con subida de la tensión arterial y taquicardia, entre otros muchos efectos.

Plantas hipnóticas son todas las plantas que favorecen el sueño.

Polisomnografía es una prueba que se realiza mientras el paciente está dormido con el fin de analizar los ciclos y fases del sueño y así poder establecer un diagnóstico preciso en relación a los diferentes trastornos del sueño: apnea obstructiva del sueño, narcolepsia, síndrome de piernas inquietas, insomnio, etc.

REM significa «movimientos oculares rápidos». Es una fase de sueño profundo en la que el cerebro está muy activo y la persona no se puede mover. Es en esta fase cuando se sueña.

Ritmos circadianos son el reloj interno de cada persona. Las personas con trastornos del ritmo circadiano se quedan dormidas en momentos inoportunos. El horario interno de sueño-vigilia no está sincronizado con el ciclo terrestre de oscuridad (noche) y luz (día).

Sedante es toda sustancia con capacidad para reducir la actividad y la excitación, aportando tranquilidad al paciente.

Serotonina es una molécula orgánica encargada de la transmisión de los impulsos nerviosos relacionados con los estados de ánimo y con las emociones. Su nivel aumenta con la excitación y disminuye con la relajación.

Somnolencia es un estado previo al sueño natural o inducido que se caracteriza por relajación muscular, bradicardia, disminución de la atención y unas ganas incontenibles de dormir.

Sumidad aérea es todo el cuerpo de la planta, a excepción de las raíces; todo lo que está al aire.

Sumidad florida o zona aérea apical es la parte florida de la planta, que incluye flores y estambres y todo lo que forma parte de la inflorescencia.

Técnicas cognitivo-conductuales son técnicas de concienciación y motivación que ayudan a cambiar los comportamientos y los hábitos incorrectos por otros más adecuados.

Tranquilizante es un efecto que produce una reducción de la excitabilidad nerviosa, sin alterar la conciencia y sin provocar sueño.

Triptófano: es un aminoácido esencial que forma parte de la melatonina, sustancia fundamental para favorecer el sueño.

20. ¿Dónde leer más sobre el sueño?

ENLACES

- https://cinfasalud.cinfa.com/p/insomnio/
- https://medlineplus.gov/spanish/ency/article/000805.htm
- https://scielo.isciii.es/scielo.php?script=sci_arttext&pid=S1137-66272007000200011
- https://ses.org.es/docs/guia-de-insomnio-2016.pdf
- https://ses.org.es/profesionales/la-ventana-cientifica/tratado-medicina-del-sueno/
- http://www.fitoterapia.net/revista/pdf/RF7-1-Libro-blanco.pdf
- https://www.guiainfantil.com/libros/sueno.htm
- https://www.iis.es/causas-problemas-combatir-el-insomnio-tratamiento-sintomas/
- https://www.libreriamayo.com/PS/67-trastornos-del-sueno
- https://www.nhlbi.nih.gov/es/salud/insomnio/causas

- https://www.planetadelibros.com/blog/actualidad/15/nuestros-tops/11/articulo/libros-para-dormir-mejor-y-ser-mas-productivo/41
- https://www.sanidad.gob.es/biblioPublic/publicaciones/recursos_propios/infMedic/docs/vol32_4TratInsomnio.pdf
- https://www.farmaceuticos.com/farmaceuticos/farmacia/vocalias/oficina-de-farmacia/plantas-medicinales/
- https://www.aemps.gob.es/profesional-sanitario/farmacopea-formulacion-magistral/
- https://axon.es/ficha/libros/9788487089435/catalogo-de-medicamentos-2023-botplus

LIBROS

- *Plantas medicinales.* Pío Font Quer.
- *La Biblia de las plantas medicinales.* Helen Farmer-Knowles.
- *100 plantas medicinales escogidas.* Alfredo Ara Roldán.
- *Enciclopedia de plantas medicinales.* Andrew Chevalier.
- *Plantas medicinales, la salud está en la naturaleza.* José Luis Berdonces Serra.

- *La botica vegetal. Guía práctica de plantas medicinales.* Aceituno, Pardo y Morales.
- *Ansiedad. Alimentos y plantas medicinales.* Isabel M. Rivero.
- *Plantas medicinales y curativas (atlas ilustrado).* Susaeta.
- *La ciencia del buen dormir.* Javier Albares.
- *Plantas medicinales para principiantes.* Indie Leaf Press.
- *20 plantas saludables.* Nítida Pastor.
- *Manual de fitoterapia.* 3ª edición. Isabel Martínez Solís y Encarna Castillo García.

OTRAS REFERENCIAS BIBLIOGRÁFICAS

- Instituto de Estudios sobre Fitoterapia (INFITO). «Estudio INFITO sobre el consumo de plantas medicinales en España (2007). Primer análisis hábitos de consumo». http://www.infito.com y en http://www.fitoterapia.net/img/pdf/infito-estudio-consumo-2007.
- Baulies, M. G.; Torres, R.; Martín, A; Roig, A; Royo, I; Orfila, F. «Hábitos de consumo de plantas medicinales en un centro de salud de Barcelona». *Revista de Fitoterapia 2011,* 11 (1),

43-51. Publicado también en *Revista de Fitoterapia 2014,* 14 (2), 147-150. www.fitoterapia.net

- Alonso, M. J.; Capdevila, C. «Estudio descriptivo de dispensación de fitoterapia en las farmacias catalanas». *Revista de Fitoterapia 2005,* 5, 31-39.

- Ley 29/2006, de 26 de julio, de Garantías y Uso Racional de los Medicamentos y Productos Sanitarios.

- Real Decreto 1345/2007, de 11 de octubre, por el que se regula el procedimiento de autorización, registro y condiciones de dispensación de los medicamentos de uso humano fabricados industrialmente. BOE 267, 45652-45698.

- «El libro blanco de los herbolarios y de las plantas medicinales». Fundación Salud y Naturaleza. *Revista de Fitoterapia 2007,* 7, 1461.67.

- Consejo General de Colegios Oficiales de Farmacéuticos. *Catálogo de plantas medicinales.* Madrid, Einsa, 2010.

- Del Río, P. *Fitoguía. Terapia con plantas medicinales.* Eviscience Publicaciones, 2006.

- «Plantas medicinales y fitoterapia. Antecedentes históricos y situación actual». *The Pharmaceutical Letter,* 2011, vol. 11 (1), 1-8.

- Álvarez de Toledo, Barbero y Eyaralar. «Indicación Farmacéutica. A. F. Módulo I». Plan Nacional de Formación Continuada. Consejo General de Colegios Oficiales de Farmacéuticos. Madrid, 2005, 153-199.
- Documento de la OMS «Desarrollo de la práctica farmacéutica», 2009.
- Baos, V.; Faus, M. J. «Protocolos de indicación farmacéutica y criterios de derivación al médico en síntomas menores». SemFYC, Grupo Investigación A. F., Universidad de Granada. Madrid, 2008.

FINAL FELIZ

© Juan Peña

«No insistas en el pasado.
No sueñes en el futuro.
Concentra tu mente
en el momento presente».

Buda